STANCES
CHRESTIENNES
POUR LOVER DIEV;

Nous humilier deuant luy, & rabaisser pour son amour ceux qui enseignent, ou auec Pelage, que l'œuure de la nature corrompuë n'est point peché, où auec Caluin, que l'œuure mesme de la grace est peché, contre la foy de l'Eglise, qui est au milieu de ces deux extremitez, & pour seruir d'explication, tant de la vraye doctrine contenuë dans mon Factum, que de la fausse, qui est publiquement enseignée dans l'Anti-factum.

Siue quid gesseris, sine fide; siue locutus fueris; siue etiam cogitaueris; peccas. Origen. lib. 10. in cap. 14. ad Rom.

A PARIS,

M. DC. XXXVIII.

A MESSEIGNEVRS MESSEIGNEVRS,

Les Illuſtriſſimes , & Reuerendiſſimes , Archeueſque & Eueſques de ceſte Prouince.

MESSEIGNEVRS,
Sainct Proſper, entre tous ſes triomphes ordinaires, contre les ennemis manifeſtes de la doctrine du grand ſainct Auguſtin, ſe recréoit quelquesfois à compoſer des Epigrammes, & autres vers ſur le meſme ſuiect : à ſon imitation , bien que de loing, apres quelque victoire , au iugement des plus ſçauans, & moins intereſſez , contre quelques ennemis ſecrets de ceſte meſme doctrine ; en attendant l'entiere victoire, que i'eſpere, MESSEIGNEVRS, par voſtre bonne iuſtice, i'ay prins plaiſir à faire ces ſuiuantes Stances Chreſtiennes , que ie ſoumets entierement , auec mon recueil des Peres , à voſtre iugement , qui ſera ſans doubte ſemblable à celuy des Conciles de Carthage , & d'Aurange , & de ſainct Auguſtin , & de ſainct Proſper , c'eſt à dire , contre la nature corrompuë , & pour la grace de Ieſus Chriſt , lequel ie ſupplie de tout mon cœur , MESSEIGNEVRS, de vous accroiſtre de plus en plus ſes graces, pour ſa gloire, l'honneur de ſon Egliſe , & le ſalut de toute ceſte Prouince ; vous ne m'obligerez pas peu , ſi vous agréez , que ie demeure , de vos tres-ſainctes Dignitez , & tres-illuſtres perſonnes,

MESSEIGNEVRS,

Voſtre tres-humble, & tres-obeyſſat
& tres-fidele ſeruiteur , Charles
Maignart, Prebſtre de l'Oratoire,
& Curé de Saincte Croix.

De Paris, ce 9.
de Mars, 1638.

STANCES CHRESTIENNES
SVR LA NECESSITE' CONTINVELLE
de la grace de Iesus Christ en nous , pour bien
viure tousiours & ne pecher iamais.

COmme sans le concours de Dieu dans la nature,
Chaque chose se tient , sans agir en son lieu,
L'homme mesme qui est nouuelle creature
N'opere rien de bien , sans le secours de Dieu.

Ce n'est pas comme au Ciel , ou tousiours vit la grace,
Et ou le Dieu d'Amour , regne paisiblement:
Car icy sans secours , elle se meurt, s'efface,
Et la chair la destruict , en l'ame à tout moment.

Ceste grace est pourtant, le Soleil de nostre ame,
Et ses diuins rayons , sont dons de l'Esprit Sainct:
Mais si Dieu iuste & bon , ne nous ayde & enflame,
C'est moins qu'vn feu couuert, qui n'est point tout estaint.

Moins encor qu'vn flambeau , qui ne nous illumine,
Sans son premier moteur , bien qu'il ayt sa splendeur:
Car si nous n'auons point ceste faueur diuine,
L'amour mesme est en soy , sans splendeur , sans ardeur.

L'homme n'est que peché , que malheur , que misere,
Sans la grace, l'Esprit, l'Amour de Iesus Christ:
Si tu veux estre heureux, suis tousiours sa lumiere,
Estre , viure, mouuoir, n'est rien sans son Esprit.

A

Quitte tout, fuis en tout, ce Sainct Efprit de vie,
Et le fuis pour iamais, en la terre & aux Cieux,
Refpons à tout inftant, à cét efprit qui crie,
Que ton eternité commence par fes feux.

Mille fois eft heureux celuy que cefte flame,
Anime conduifant & dirigeant fon cœur,
Qui eft le cœur de Dieu, beaucoup plus que de l'ame,
Puis qu'en elle l'efprit, eft toufiours le vainqueur.

Dieu donne cét efprit, au cœur qui l'en fupplie,
Au nom de Iefus Chrift, qu'il ne peut reietter:
Eftant ce qu'il luy eft, & à l'ame qui prie
Par cét Efprit de Dieu, qu'on ne peut meriter.

Priez par fon amour, & non pas par la crainte,
Car fans l'amour l'efprit, ne peut vrayement prier:
Sans amour l'oraifon, eft vne oraifon fainte,
Il n'y a que l'amour qui peut le fupplier.

Source viue d'Amour, du Ciel & de la terre,
Sois, vis, regnes en moy, pour toute eternité,
Le monde ne m'eft rien, ny tout ce qu'il enferre,
Ie ne veux plus que Dieu, c'eft ma felicité.

Vie, voye, verité, diuin Soleil du monde,
Que ie fois confommé en vn, auecque toy:
Mon Amour, Charité, Dilection feconde,
Que ie viue non moy, mais toy mefme dans moy.

Ie me tais, ô grand Dieu! c'eft ton Efprit qui crie,
Ie te prie, mais c'eft, par ton Efprit de foy,
Pour receuoir de toy, cefte diuine vie,
Exauce l'oraifon de Iefus Chrift, en moy.

F I N.

STANCES CHRESTIENNES
Sur le mesme subiect.

COmme vn Soleil, pas vn flambeau n'esclaire,
Le vain Docteur, n'est point de Dieu instruict,
L'aube du iour, d'àuantage en reluyt,
L'humble ainsi croist, par la saincte lumiere.

Pour conceuoir, les veritez de grace,
L'esprit est chair, sans l'ayde de ton Dieu,
A ta raison, ne donne trop de lieu:
Mais dis à Dieu, illumine ma face.

Pour bien parler, de ce diuin mystere,
Il faut penser que tu es vitié,
En tout, par tout, bien que iustifié:
Voila le mal, icy bas necessaire.

L'œuure qui n'est, pour la gloire eternelle,
Nuit au salut, ne crois point de milieu:
N'ergotte plus, c'est vn arrest de Dieu
Voy ou ton Dieu, incessamment t'appelle.

Tout est de Dieu, ou de concupiscence,
Sans son Esprit, la lettre fait mourir,
Son seul Esprit hostre ame, peut nourrir,
Inspire, ô Dieu, ceste saincte science.

Verbe de Dieu, Sapience eternelle,
Ta grace au cœur, est l'arbre du bon fruict:
Car l'homme seul, rien de bon ne produict,
Donne l'amour c'est nostre loy nouuelle.

O don de Dieu , & le cœur de l'Eglife.
Sans toy le bien, ne profite de rien,
C'eft vn vray mal, c'eft vn ombre de bien,
Domine en moy , qu'vn autre n'y maiftrife.

Principe, fin, de toutes les natures,
Dieu Tout-puiffant, Pere, Fils, Efprit Sainct,
Dreffe mon cœur, qu'il ne foit iamais fainct,
Defgage moy de toutes creatures.

Ie ne veux point de luxe , d'auarice,
D'ambition , fources de tout malheur,
Dieu eft ma part, il eft tout mon bon heur,
Ie luy dois tout, amour, honneur, feruice.

Dieu de mon cœur, exauce mes demandes,
Tu veux de moy, vne dilection,
Par deffus tout , fans interruption,
Donne toufiours , ce que tu me commandes.

Tout eft en toy beaucoup plus qu'en foy mefme,
Ie quitte tout , pour ce qu'il eft en foy:
Mais ie veux tout , confideré en toy,
Car tout eft bon , tout eft vie, en toy mefme.

Qui voit le Fils , il voit auffi le Pere,
Le Sainct Efprit, & tout Eftre creé,
Non pas en foy, mais en Dieu increé:
Iefus fuffit , c'eft en luy que i'efpere.

FIN.

STANCES CHRESTIENNES

SVR TOVTES LES AVTHORITEZ
De l'Escriture saincte, que les Peres rapportent, pour
enseigner ceste mesme necessité continuelle de la grace
actuelle, surnaturelle, interieure, preuenante, & cooperante
de Iesus Christ en nous, pour bien viure tousiours, & ne
pecher iamais.

LY, crois, & voy, cette Escriture saincte,
Ly comme il faut, les saincts te l'expliquant :
N'escoute plus, tes sens leur repliquant,
Non pas le vray : mais vne raison faincte.

Raison qui est, contre tous les saincts Peres,
Conciles saincts, & parole de Dieu ;
Ne m'en crois point, ny toy : mais bien au lieu,
Ces saincts Decrets, ces diuines lumieres.

Si tu les crois, tu les pourras entendre,
Et receuoir, comme diuins arrests :
Ne cherche plus hors Dieu, tes interests,
Purge ton cœur, si tu les veux comprendre.

Garde toy bien, de la Philosophie,
Des hommes vains, si tu veux estre instruict,
Et pour sortir de ton obscure nuict,
Abaisse toy ; mais en Dieu te confie.

Medite bien ceste saincte Escriture,
Et ne crois plus du tout aucun pouuoir,
Pour ne pecher, par le propre sçauoir,
Donne à Dieu tout, & rien à la nature.

Elle a perdu , fa premiere puiſſance,
Par ſon peché ; non pas ſa liberté,
Qui n'eſt ſans Dieu , qu'vne captiuité,
Vn exil vray , vne pure impuiſſance.

Tu ne peux rien , ſi ce n'eſt pour le vice,
Que tu commets , par la neceſſité,
De ton eſtat , ſi tu n'es aſſiſté,
De Ieſus Chriſt , noſtre ſeule iuſtice.

Viue IESVS , ſon Eſprit, & ſa Grace,
Et ſon Amour , pour la gloire de Dieu
Cela ſuffit , ie te veux dire adieu,
Iuſqu'au iouyr , de ſa diuine Face.

FIN.

STANCES CHRESTIENNES

*ſelon toute la doctrine precedente de Sainct Auguſtin, qui en-
ſeigne , que ſans la grace de Ieſus Chriſt , nous ne pouuons
aucunement éuiter le peché.*

Dire qu'on peut , ne pecher ſans la grace,
C'eſt ne ſçauoir , les preceptes de Foy ;
C'eſt ignorer , le premier de la Loy.
C'eſt vn appuy , ſur vne foible glace.

C'eſt vn erreur , contre le but celeſte,
Contre l'Eſprit , qui ſeul nous y conduit,
C'eſt renuerſer l'ordre qui nous induit,
A aimer Dieu , vſer de tout le reſte.

C'eſt rejetter , la liberté Chreſtienne,
C'eſt renforcer , les liens du peché ;
C'eſt abolir , ce que Dieu a preſché,
Renouueller l'erreur Pelagienne.

C'eſt nous donner, vne paix ſenſuelle,
C'eſt pour le mal, le bien abandonner,
Trahir Ieſus, & ne luy pas donner,
Tout le ſalut, de ton ame immortelle.

C'eſt contre Dieu, ſa iuſtice, ſa grace,
Iudaïzer, eſleuer les Payens,
Rendre cōmun l'hōneur desſeuls chreſtiens,
C'eſt nier Dieu, deuant ſa propre face.

Nier qu'il ſoit, de tout bien l'origine,
A ton peché, faire ſeruir ton Dieu,
C'eſt par meſpris, dire tenant ſon lieu,
A la vertu, c'eſt moy qui determine.

Te diſpoſer par toy ſeul, pour reuiure,
Seul ne pecher, bien faire, meriter,
Rabaiſſer Dieu, puiſque c'eſt rapporter
L'Eſtre à ton Dieu, mais à toy le bien viure.

C'eſt tout d'vn coup, bleſſer toutes les ames,
Deſraciner ce que Dieu a ſemé,
Enraciner tout le mal ſurſemé,
Blaſphemer Dieu, en eſteignant ſes flames.

Et tous ces maux, ſont ſans aucun remede,
Ton propre eſprit, tout à faict le deſtruit,
Delaiſſe donc, pour n'eſtre plus ſeduit,
L'orgueil ſecret, dont tout ce mal procede.

Source de mal, vne mere hereſie,
Qu'il faut touſiours, & hair, & blaſmer:
Mais par amour, & ſans ceſſe d'aimer,
Tous les autheurs de ceſte hypocriſie.

F I N.

EPITAPHE

De l'heresie des Pelagiens en tous ses restes qui se vante, se plaint
& menace en cette maniere.

COmme ne viuant point, ie ne laissois pas d'estre,
Dans le corps du peché, que Dieu a fait mourir,
Ma mort n'empesche pas, mon pouuoir de renaistre,
Sans la grace de Dieu, & sans y concourir.

Ie suis morte, il est vray, mais c'est sans sepulture,
Sans laquelle ie peux, tousiours reuiure en toy:
Car sans l'Esprit de Dieu, l'humaine creature,
Vit d'vn autre peché, ne viuant pas de moy.

Mais bien plustost de moy, que de quelqu'autre offence,
Qui ne paroist pas tant, sous la couleur du bien,
Et qui ne faict pas voir, comme moy l'excellence,
En celuy qui me suit, bien qu'il ne puisse rien.

C'est delà que ie vis, si souuent dans les ames,
Mesme apres tant de morts, sous la captiuité,
Renouuelant tousiours, ces pensers par mes flames,
Ce que ie crains le plus, c'est ton humilité.

Car mon pere est orgueil, c'est luy qui est mon maistre
Sans superbe d'esprit, derechef, ie me meurs:
Car sans presomption, les restes de mon estre,
Ne viuroient plus du tout, comme ils font dans les cœurs

Ie viuois autrefois, bien d'vne autre maniere,
Tenant dessous mes loix, tous les Pelagiens:
Mais Dieu par vn grand sainct, m'a mis en la poussiere
Que voyez maintenant, si vous estes Chrestiens.

Nemo habet de suo nisi mendacium, & peccatum.
2. Arauf. c. 22.

SIMPLES VERS DE DOCTRINE
contre Pelage & Caluin.

Le premier loüant l'œuure sans grace, & l'autre blasmant
mesme l'œuure de grace.

CAluin noircit le bien, faisant la vertu noire,
Et Pelage blanchit, nostre œuure fait sans Dieu:
Ces deux extremitez, ostent de Dieu la gloire;
I'éuite tous les deux, ma foy est au milieu.

L'amour qui nous rend sainots, condamne ce blaspheme,
Qui veut que cét amour, merite punition;
Sans ce diuin amour, ie peche par moy mesme,
Mais non par cét amour, de ma couuersion.

Car tout ce qui defaut, aux œuures de merites,
Sans mon consentement, ne m'est point imputé:
Ie voudrois bien aimer, sans bornes, sans limites,
Ce ne sera qu'au lieu, de pleine liberté.

Ce ne sera qu'au Ciel, icy par esperance,
Ou nous auons tousiours, quelque captiuité:
Aime, prie, serts Dieu, auec perseuerance,
Et tu auras au Ciel, ceste felicité.

Bien-heureux ce pendant, qui n'est non plus sans flame,
Que sans ame le corps, que nous sentons viuant:
Car à chaque moment, que l'amour n'est en l'ame
Agissant dans son cœur, on peche au mesme instant.

C

L'ame eſt libre pourtant, quoy qu'elle ſoit captiue,
Du peché, non de Dieu, qui a ſeul le pouuoir,
De mettre en liberté, cette ame fugitiue,
Qui ne la peut auoir, par ſon propre ſçauoir.

La doctrine, la loy, & toute autre lumiere,
Que celle de la foy, n'ont aucune vigueur,
Font bien voir la vertu, mais ne la font pas faire;
Tout leur meilleur effect, eſt pire que langueur.

Sans vn commencement de la charité ſaincte,
Qui opere touſiours, les œuures de la foy,
Tout œuure bon n'a rien, qu'vne bonté ſi fainte;
Que c'eſt vn vray peché, contre Dieu & ſa loy.

L'ame en l'amour diuin, n'eſt ſeulement paſſiue,
Contre Caluin niant, qu'on puiſſe meriter:
Car mon ame eſt auſſi, en cét amour actiue,
Pour meriter le Ciel, que ie dois heriter.

Heriter comme enfant, meriter comme membre
De mon chef Ieſus Chriſt, qui vit ainſi en moy;
Autrement s'il n'y vit, ie me meurs, & démembre,
De luy, & de ſon corps, ne viuant plus de foy.

La foy eſt le premier fondement des merites,
La foy eſt le premier, amour de Charité,
Sans foy il n'y a rien, en nous que démerites,
Sans foy nos actions, ne ſont qu'iniquité.

L'œuure ſuit le pouuoir, & le pouuoir noſtre eſtre,
Qui eſt tout infecté, demeurant tout entier:
C'eſt pourquoy l'oeuure ſeul, d'amour qui ſait renaiſtre,
Eſt bon, venant d'vn coeur, qui ſuit le droit ſentier.

Hors du diuin Verger, ne croiſt aucun bon arbre:
Qui n'eſt ny froid, ny chaud : mais tiede ſeulement;
Son feu eſt ſans ardeur, il eſt froid comme marbre,
Selon Dieu, tant au vieil, qu'au nouueau Teſtament.

Dieu condamne touſiours, toute l'indifference,
Que l'eſprit trop humain, & pas aſſez Chreſtien,
Admet aux actions, que la concupiſcence,
Soüille de ſon coſté, & l'eſprit d'vn Payen.

Il eſt vray qn'il y a, certaine indifference,
Dans les obiects communs, des operations,
Tout y eſt bon pourtant, ou mauuais : car l'eſſence,
Procede plus du cœur, qui fait ces actions.

Ieſus Chriſt nous l'a dit, par ſa ſaincte parole:
Qui n'eſt, dit-il, pour moy, il eſt *lors* contre moy:
Ariſtote, Platon, Socrate, & toute eſchole,
Doiuent ceder à Dieu, à ſa loy, à ta foy.

Noſtre foy dit qu'Adam, en l'eſtat d'innocence,
Auoit beſoin du don, pour ne point offencer:
Le ſainct ſans le ſecours, par ſa concupiſcence,
Offence; puiſqu'au bien, il ne peut s'aduancer.

Adam pouuoit pourtant, s'il euſt voulu, bien faire:
Mais les ſaincts ne pourroient, ſans vn nouueau ſecours,
Car Adam n'auoit point, comme nous d'aduerſaire,
Il conduiſoit l'eſprit, qui les conduit touſiours.

Conduit par ſon amour, de priere ſans ceſſe;
Leur priere vniſſant à leur foy, leur raiſon:
Car nous auons perdu cét eſtat de lieſſe,
De loüange, de paix, & non pas d'oraiſon.

Heureux estat d'Adam, en la grace premiere,
Encor qu'il fut moins fort, que n'est le fort Chrestien,
Qui peut, veut, & fait tout, pour nostre fin derniere;
Mais par amour Chrestien, & non Pelagien.

Ce ne sont les obiects, qui releuent nos œuures,
En merites Chrestiens; la seule Charité
Les donne, & les accroist, en tout ce que tu oeuures,
Pour iouyr (mais pour Dieu) de sa felicité.

O estat bien-heureux, ou on perd la puissance
De pecher, qui estoit, mesme en l'estat premier:
Nous n'aurons plus au Ciel, ceste concupiscence,
Qui ne mourra iamais, iusqu'à cét heur dernier.

O liberté du Ciel, deliurance accomplie;
Où l'amour sans secours aimera plainement,
Et où l'ame sera, de Dieu toute remplie,
Pour l'aimer, l'adorer, loüer à tout moment.

De loüange d'honneur, d'amour de Iouyssance,
D'vne parfaite paix, d'vn repos eternel;
Et non pas comme icy, d'vn amour de souffrance,
Pour destruire tousiours le mal continuel.

Ce mal est bien plus grand, que ne vouloit Pelage,
Et si ne l'est pas tant, comme disoit Caluin;
Rejette tous ces deux, si tu veux estre sage;
Le sentiment Chrestien doit estre plus diuin.

Qui dit qu'il est de foy, tousiours tres-efficace,
(Bien qu'il ne soit peché comme quand i'y consens)
Pour nous faire offencer, ne suyuant pas la grace:
Si tu es bon Chrestien, tu le fuis, tu le sens.

Mais n'y confens iamais, fois luy toufiours contraire,
Fais toufiours du profit, en la tentation,
Suis toufiours cét Amour, fon vnique aduerfaire;
Et tu auras au Ciel, fa confommation.

Amour plein, neantmoins, auecque difference;
Pour l'amour, different, des fainctes actions,
Non mortes du depuis, par la concupifcence,
Qui perira pour lors, & nous, nous regnerons.

Mais pluftoft Dieu en nous, tous couronnez de gloire,
Nous faifant Roys au Ciel, & Preftres eternels:
Dieu eftant ce qu'il eft, il faut enfuitte croire,
Que nous le feruirons, Preftres, Roys immortels.

Gloire foit pour iamais, à Dieu en trois perfonnes,
Pere, Fils, Efprit Sainct, comme au commencement,
Maintenant, & fans fin, que toutes les couronnes,
Des Anges, & des Saincts, l'adorent humblement.

QVATRAINS

*Contre vn certain liure nouueau, qui enfeigne, que fans la grace
interieure de Iefus Chrift, nous pouuons quelquefois bien
viure, éuiter le peché, & faire des œuures veritablement
bonnes : contre la doctrine precedente de tous les Peres, &
particulierement de fainct Auguftin, en faueur duquel, ie
parle ainfi à l'autheur de ce liure, qui a bien fon habit ; mais
non pas en cela fa doctrine.*

PEre, frere, & enfant d'vn fainct ordre en l'Eglife,
Approche de mon cœur, efcoute bien ces vers,
Refpons y doctement, par trop ne fubtilife,
Ne pointille iamais, ny prends rien de trauers.

Commē au liure nouueau de tes maximes noires,
Liure faux rapporteur, de mes opinions,
Les Heretiques vains, tu les prends pour des Peres,
Et tu dōnes aux sainⱢs tes propositions.

Qui ne font pour la foy, ny felon leur doⱢrine:
Car tu crois liberté, vne captiuité,
Et le bien qui prouient ; d'vne fource maline,
Et d'vn fond corrompu, tu le dis equité.

Tu oftes auffi à Dieu, noftre amour, & fa gloire:
Pour le plus petit bien, l'homme feul ne fuffit;
Iefus Chrift nous l'a dit, tu dis tout le contraire:
Ton liure eft fans honneur, fans plaifir, fans profit.

Si ce n'eft comme on dit, en propos ordinaires,
Que le blanc paroift plus, eftant mis pres du noir:
Ton liure, c'eft le noir; le blanc ce font les Peres,
Que ie rapporte au mien, que tu n'as peu bien voir.

Car le noir qui eftoit dedans, & fur ta veuë,
T'a empefché de voir, le iour en plein midy:
C'eft mon opinion, bien claire, & toute nuë,
Mais cachée à ton cœur, moins humble que hardy.

Il eft vray que tu es, bien prompt de ta nature,
Tu euffes peu pourtant, fortir de fauffeté,
Et entrer dans le vray, par la grande ouuerture
Du recueil, que i'ay fait, auec tant de clarté.

Et lors tu n'euffes dit, Dieu ne fauue nos ames
Toufiours de tout peché : mais par fois noftre efprit:
L'efprit des fils d'Adam, fans les diuines flames,
Peut fuir le peché, niant ainfi le Chrift.

Tu as aufsi eſcrit, contre ta conſcience,
Que i'ay dit, le meſchant, pecher inceſſamment:
Et i'ay dit ſeulement, ſelon la vraye ſcience,
Qu'il pechera touſiours, ſans vn ſainct mouuement:

Mouuement queDieu donne,au pecheur côme au iuſte,
Qui ne pechent iamais, ſuyuans ce traict de Dieu,
Si tu veux eſtre droit, & n'eſtre plus iniuſte,
Eſcris ce que ie dis ; & ne dis rien au lieu.

Ie croy, ie dis, i'eſcris, que l'homme meſme en grace,
Sans l'eſprit de la foy, opere le bien mal,
Peche ſans vn rayon, de la diuine face;
Sans ſes premiers eſclairs, il vit en animal.

On penſe, on parle, on vit, par la concupiſcence,
Qui eſt par tout en nous, comme vn feu penetrant,
Et qui regne dans nous, ſi Dieu par ſa clemence,
Ne nous bruſle touſiours, de ſon feu plus puiſſant.

L'œuure qui vient du feu, de la concupiſcence,
Meſme ſans ton vouloir, n'eſt point vn oeuure bon:
Lors que tu y conſens, ſera-ce ſans offence?
C'eſt vn mal deuant Dieu, plus noir qu'vn noir charbon

Comme vn feu ſe deſtaint, eſtant mis dans les neiges,
L'amour habituel, ſe perd ſans l'actuel,
Selon les ſaincts Docteurs, les Conciles nos pleiges,
Tous les deux Teſtaments, noſtre vray manuel.

Qui teſmoignent auſsi, que la concupiſcence
N'agit point à demy : mais de tout ſon pouuoir;
Sans cét ayde d'amour, & ſans la Prouidence,
De Dieu la deſtournant, ſelon ſon ſainct vouloir.

Au contraire l'amour, qui est mesme sans cesse,
N'est icy pleinement, suiuy du plus aimant,
Pour les restes du mal, qui nous retire, & presse,
Et fait que nostre cœur, ne soit point plus ardant.

Il est vray que tu peux, éuiter quelque offence;
Mais si c'est par toy seul : c'est par autre peché :
Celuy que tu ne fais, c'est par la Prouidence
Admirable de Dieu, qui t'en a empesché.

On empesche souuent, vn enfant de la sorte
De tomber, le laissant, aller mesme ou il veut;
Ainsi Dieu, quand du cœur, tu luy fermes la porte,
Te retire d'vn mal, sans toy; car il le peut.

S'il le fait, tu luy dois vne recognoissance,
Pour t'auoir preserué, de cét autre forfaict;
Permettant quelquefois, pour cela ton offence,
Qu'il deffend comme bon, iuste, sainct, & parfaict.

Tout ce que Dieu deffend, ou commande de faire,
Ne peut estre accomply, que par vn plein amour,
L'homme, à soy mesme estant, son plus grand aduersaire,
N'aime iamais ainsi, en ce mortel sejour.

Le defaut en l'amour, n'estant point volontaire,
Est vn simple defaut, qui n'est point imputé :
Mais si ta volonté, ne luy est point contraire,
Tu y consents pour lors, & Dieu est rebuté.

Tu peches donc tonsiours, par la concupiscence,
Qui ne cherche point Dieu, que pour soy seulement:
Ce mal ne peut garder, sa diuine ordonnance,
Le seul amour de Dieu, ne peche aucunement.

Ce mal mesme conduit, tousiours en ceste vie,
Les saincts captifs sous luy, & encor librement,
Si par autre secours, ils ne perdent l'enuie
De le suyure d'effect, & volontairement.

Ce mal, sans ce secours, son ennemy vnique,
Tousiours en tout, par tout, vit & regne dans tous;
Selon ses coups diuers, il tuë, frappe, ou pique,
Son seul grand coup destruit, l'amour diuin en nous.

Son pouuoir est si grand, que ce pauure bon Pere,
Le suiuant pas à pas, c'est trouué emporté,
Non au trauail des mains, aux pleurs, ou à la haire:
Mais à falcifier, la pure verité.

Que Dieu, son Fils, l'Esprit, l'Eglise, & tous les Peres,
Ont dit appertement, comme ie l'ay fait voir,
A ceux, qui ne sont point, rebelles à ces lumieres,
Et qui aiment le blanc, & condamnent le noir.

I'entens parler du blanc, qui n'esbloüit la veuë,
I'entens parler du noir, le iour obscurcissant,
Et nullement du noir, d'vne humilité deuë,
Qui croit pecher tousiours, sans son Dieu Tout-puissant

Ne point pecher du tout, c'est à l'homme bien viure,
Ne faire point de mal, c'est commencer vn bien,
Se desgager de soy, aller à Dieu, le suyure,
Et ne point s'auancer, c'est s'approcher du rien.

Le bien n'est rien, qui n'est, pour nostre fin derniere,
C'est vn mal contre Dieu, c'est vn bien qui nous nuit,
Vn bien qui ne vient point, de la grace premiere,
Vn hypocrite bien, vn vray mal qui reluit.

E

Iefus Chrift nous l'a dit, & noftre experience,
Eftans bien exercez , nous le fait affez voir:
Il faut eftre zelé , auecque la fcience,
Pour en auoir le gouft , & le bien conceuoir.

Si tu le veux fçauoir , fois de ton Dieu docile,
Et ne nie iamais , Dieu deuoir eftre aimé
Toufiours , & pour toufiours , c'eft vne voye facile
Pour dire i'ay failly , i'eftois trop animé.

Ie ne deuois iamais , efcrire le contraire,
L'homme eftant ce qu'il eft , à Dieu fon Createur:
Dy cela , ie diray , tu n'es plus aduerfaire,
Tu es blanc , bien que noir , deuant ton Redempteur.

Deuant fainct Auguftin, ton general Gregoire,
Ton prieur , tous les tiens , qui difent verité,
Difans que tu deftruis , de Iefus Chrift la gloire,
Si tu ne changes en blanc , ta noire fauffeté,

Fauffeté qui reftraint , le premier grand precepte,
Qui oblige tonfiours , comme auffi le dernier.
Ils font pour tout inftant , pas vn moment n'excepte,
Si veux dire vray , tu ne le dois nier.

En le niant , tu fuis, le faux moine Pelage,
Sans y penfer non plus que le bon Caffian,
Ny ceux que tu fouftiens , fi tu veux eftre fage,
Ne fuis plus Caffian , Pelage, Iulian.

Aduocats comme toy , d'vne caufe perduë,
Contre Iefus , fainct Paul, ton fainct Pere Auguftin,
Et contre fainct Profper , fa deffence afsiduë
Le Pape Iean , Leon, Hormifdas , Celeftin.

Contre aussi les decrets , de Cartage , d'Aurange;
Contre tous les Docteurs , & Peres anciens,
Que toy nouueau docteur , par ton escrit estrange,
Fais parler comme toy , en vrays Pelagiens.

Voy lecteur si tu es , iuge bien equitable,
Ly son liure , & le mien , qui est plustost le tien;
Tu diras que le sien , est vn escrit damnable:
Que le tien , & le mien , n'est pas touché du sien.

Dans ie mien il a leu , & n'a peu recognoistre,
L'esprit de tant de saincts , l'ame de mon escrit
Si le lis tu voirras , comme i'y fais paroistre,
Non l'homme comme luy , mais par tout Iesus Christ.

Crois , si tu lis le sien , ou si tu l'entens lire,
Que c'est vn imprimé , seminaire d'erreurs,
Ie le dis de bon sens , sans enuie , & sans ire,
Vn liure tout remply , d'espines , non de fleurs

Quelque iour , si Dieu plaist , ie t'endiray le nombre,
Pourueu que ton esprit , le puisse supporter ·
Si non , tu le tiendras , du moins comme vn vray ombre,
Ombre noir , que le noir , a peu seul enfanter.

Le pere noir cherit , de son fils le noir mesme:
Aussi Martin le Noir , aime son imprimé,
Qui est plus noir que luy : puis qu'il erre , & blaspheme,
Et qu'il merite bien , d'estre tost supprimé.

Quand tu l'auras tout leu , auecque patience,
Tu diras ie l'ay veu , ie l'ay leu , mesprisé,
Et nul que luy dira , c'est faute de science,
Que tu l'as veu , & leu , & ne l'as point prisé.

Il y rabaiſſe Dieu , pour faire l'homme croiſtre,
Il nous fait bons , puiſſants , ſans Dieu le Createur,
Diſant pour vn vray bien , on n'a pas beſoin d'eſtre
Touſiours meu de l'Eſprit, de noſtre Redempteur.

Mon vnique Sauueur , remets luy ceſte offence:
Il ne ſçait ce qu'il dit , contre toy , & ſa foy:
Donne luy ton eſprit , eſprit de ſapience:
Ie confeſſe pour luy , que ie peche ſans toy.

Ie confeſſe pour luy , mon entiere impuiſſance,
Pour tout le moindre bien , ſans ton diuin Eſprit,
Et que ie ſuis touſiours , en deſobeyſſance,
Si ie n'aime touſiours , mon Sauueur Ieſus Chriſt.

Continuation ſur le meſme liure du R. P. M. le N.

LE noir eſt aux yeux ſains , touſiours deſagreable,
Le noir meſme aux eſprits , excite des horreurs,
Le Noir va publiant , ſa doctrine effroyable,
Le noir n'eſt pas ſi noir , que ſon liure d'erreurs.

Pour l'eſprit il contient , des fautes nompareilles,
Il bleſſe le toucher , ſon gouſt eſt ſans ſaueur,
Il eſt faſcheux à voir , ennuyeux aux oreilles,
Aux ſens interieurs , & d'vn mauuais odeur.

Vn liure qui noircit, les ames deſia moires,
Qui ternit les plus purs, de bons , les rendant vains,
Qui approuue les dits des liures aduerſaires,
Qui ne ſuit : mais corrompt , les liures les plus ſaincts.

Ce liure eſt contre Dieu, ſon Fils, l'Eſprit de vie,
Contre la foy, la loy, contre les bonnes meurs,
Pour la corruption, qui eſt touſiours ſuiuie
Du peché, ſans l'amour, de Dieu, dedans nos cœurs.

Dieu donne à cét autheur, vn eſprit aſſez ſage,
Comme à l'humble Auguſtin, pour ſe bien retracter:
C'eſt vn effect de Dieu, non de peine, ny d'aage,
Le vain ne ſe deſdit, il aime à ſe vanter.

Mais principalement, quand pour faire du maiſtre,
Il fait voir au public, ſes liures meſlangez
De noir, de blanc, de faux, & de vray pour paroiſtre,
Et eſtre entre les bons, vn iour bien arrangez.

Pour cét eſcrit l'autheur, ne paroiſtra illuſtre,
Que dans le ſeul eſprit, des hommes ignorans,
Eſtant veu ce qu'il n'eſt, ſe mire dans ce luſtre,
Il ne deçoit ainſi, les yeux des plus ſçauans.

Moins ſçauans, ſelon luy, qui ſe paiſt d'apparence,
Et qui croit vn vray or, le faux quand il reluit,
Car pour vn, qui loüera ſon eſcrit ſans ſcience,
Il crira auſſi-toſt, l'ennemy eſt deſtruit.

Ce qui me met auſſi, preſque hors d'eſperance,
De voir Martin le Noir, changer d'opinions,
C'eſt ſon deſir d'honneur, ſa grande accouſtumance,
De ne point retracter, ſes propoſitions.

Car il faut pour cela, refleſchir ſur ſoy meſme,
Et pour ne point faillir en la reflection,
Il faut ſuiure touſiours l'Eſprit du ſainct Bapteſme,
Non la chair, ny le ſang, l'homme, ny ſa raiſon.

Son humeur , son esprit , qui instruit d'ordinaire,
Font qu'il n'a tant en soy , de pouuoir maintenant,
Ny de capacité pour receuoir lumiere,
D'hommes , d'Anges , de Dieu , i'espere bien pourtant:

Car estant paruenu , iusqu'à escrire & dire,
Que Iesus n'estoit point , de tout peché Sauueur:
Ny autheur de tout bien , ne pouuant plus mesdire,
Peut-estre dira-il , ie suis de la faueur.

Ie ne veux plus du tout, blasphemer de la sorte,
Ie veux doresnauant, estre meilleur Chrestien,
Ie suis vray Augustin , & plus ne me comporte,
Sans iamais l'auoir creu, en vray Pelagien.

Ie croy Dieu estre seul , autheur de tout bon œuure,
Seul Sauueur du peché , par son Fils Iesus Christ,
Operant dedans moy , tout le vray bien que i'œuure,
Par son Esprit diuin , conduisant mon esprit.

*Conclusion de tous les Quatrains precedents , sur le Liure
du R. P. M. le N.*

LE Noir fait l'hõme autheur, d'vn vray bien sans la grace
Et Sauueur de pechez , sans le diuin secours,
Dit libres pour vn bien , tous les captifs de race,
Et que les serfs du mal , ne le sont pas tousiours.

Cét escriuain pourtant , aura bien de la peine,
A quitter ses erreurs , nonobstant tout mon soing:
Car il ne croira pas sa doctrine si vaine,
La voyant de si pres , & le vray de si loing.

Le Noir voit de trop pres les fautes de son liure,
Et il voit de trop loin , les veritez du mien,
Pour les voir comme il doit , il faut qu'il soit deliure,
Du faux, du vain, du noir , contenu dans le sien.

Le trauail n'est pas grand , pour l'accabler & vaincre,
Pour le persuader , c'est la difficulté,
De sa dureté vient, qu'on ne peut le conuaincre,
De sa foiblesse vient l'autre facilité.

Ie prie le Dieu des cœurs , comme de nos pensées,
De luy changer son cœur , en luy donnant le sien,
Afin que ses raisons, estant bien renuersées,
Il crie i'ay failly : ie n'escriray plus rien.

Ne parler : c'est vn poinct, bien difficile à faire,
Neantmoins , si ie peux , ie le feray ainsi,
L'esprit prompt a deçeu, m'a langue trop legere,
Ma plume , encre, & papier, & l'Imprimeur aussi.

Ainsi ie finiray, mes iours dans le silence,
Parole, esprit & cœur , vnissant à ma foy,
Qui est l'ame de tout , sans la foy l'obseruance,
Du bien, n'est rien du tout , qu'vn ombre de la loy.

Mes ombres sont passez , ie suis dedans la grace,
Non pas comme autre fois, en demy Augustin,
Semy-pelagien , demy-sçauante race,
Qui dit vray , vn erreur , d'vn homme libertin.

A genoux , jointes mains , i'en fais la penitence,
Car i'ay dit que Iesus , n'estoit le vray Sauueur,
De tout mal , ny autheur de tout bien : ô demence!
A t'on souffert ce sel, sans goust, & sans saueur.

I'estois bien aueuglé, i'estois bien infidele,
Pour l'homme nier Dieu : arriere desormais,
Ce blaspheme maudit, vne heresie telle,
De cœur, de bouche, effect : i'y renonce à iamais.

De tout mon cœur ie croy, ie confesse, & professe,
Que l'oeuure qui ne vient, d'amour surnaturel,
Vient du mauuais desir, ou i'adhere sans cesse,
Sans l'Esprit, sans le Fils, sans le Pere Eternel.

Dieu bon, sage, puissant, l'a dit par sa parole:
Ie renonce à la chair, au sang, & aux sens vains,
Les trois grands ennemis, de ceste saincte eschole,
Qui dit ; rien que de sainct, ne plaist au Sainct des sainé.

Selon ce sens, Lecteurs, ie reçois tous les Peres,
Qu'vn disciple Chrestien, m'auoit donné à voir,
Ie dis, pour faire voir, que i'ensuis leurs lumieres,
Dieu vous donne l'esprit, de les bien conçeuoir.

Comme aussi tout mon malheur precedent, qui est encor assez
bien descrit dans l' Epigramme suiuant, que i'estime
maintenant tres-veritable.

Contra Deum, sanctumque Dei, Niger induit arma;
    Prouocat ille furens, aduolo, cerno nigrum.
Hic Niger, aduersus Christi, pia munera pugnat:
    Non mirum : Christus candor, at ille niger.
Vt Dauid Goliath, propter tua, munera, Christe
    Aggredior tenebras, irruo, vinco Nigrum.
Victor es ô Iesu ! Nigrum tua, vinco per arma,
    Gens tenebrosa cadit, dum cadit ille Niger.
Hic Niger exiguus magna ruit arte rebellis;
    Vulneribus multis, hic jacet, ille Niger.
Sola Charitas non peccat. S. Aug. ep. 95. ad Innoc.

SAINCT AVGVSTIN ET SAINCT PROSPER.

Contre l'opinion du R. P. M. le N.

Sicut enim oculus corporis etiam pleniſſime ſanus, niſi candore lucis adiutus non poteſt cernere : ſic homo etiam perfeɛtiſſime iuſtificatus , niſi æterna luce iuſtitiæ diuinitus adiuuetur, non poteſt reɛte viuere. *S. Auguſt. cap. 26. de nat. & grat.*

Contre toutes ſes preuues.

Licet à quibuſdam tunc verę, & honeſtæ putentur eſſe virtutes, cum ad ſeipſas referuntur , nec propter aliud expetuntur ; etiam tunc inflatæ ac ſuperbæ ſunt ; & ideo, non virtutes , ſed vitia iudicanda ſunt. *S. Auguſt. lib. 2. cap. 25. Ciuit. Dei*

Contre toutes ſes ſolutions,

Sed reſponſurus es : quid, niſi vana? ego (*inquit Iulianus*) ſteriliter bonos dixi homines , qui non propter Deũ faciendo bona quæ faciunt, non ab eo vitam conſequuntur æternam : *Auquel Iulian heretique Pelagien , Sainɛt Auguſtin reſpond en ceſte maniere:* Dici non poteſt quantum te fallat iſta opinio. Fieri non poteſt vt ſteriliter boni ſimus: ſed bonum non ſumus, quicquid ſteriliter ſumus. Nullo modo homines ſunt ſteriliter boni ; ſed qui boni non ſunt, poſſunt eſſe alij minus, alii magis mali. Dicantur ſecundum te huiuſmodi voluntates arbores bonæ: ſufficit quod apud Deum ſteriles ſunt, ac per hoc non bonæ. *S. Aug, lib. 4. cap. 3. contra Iulian.*

Contre toutes ſes obieɛtions.

Dubitari non poteſt (*inquit Caſſianus*) ineſſe omni

G

animę naturaliter virtutum, femina beneficio creatoris inferta : *Auquel Cafsian ennemy de la doctrine du
grand fainct Augustin : Sainct Profper fon grand diffenseur,
refpond en cefte maniere* : Virtutum femina,quæ beneficio
creatoris inferta funt,prꝗuaricatione primi parētis euer-
fa funt, nec haberi queunt nifi eo reftituente,qui dede-
rat : *lib. contra Collat. De ces premieres femences de grace,
fainct Augustin parlant des bonnes œuures de Cornelius auant
fon baptcfme dit* : Fiunt ergo, vt in Cornelio,inchoationes
quꝗdam fidei,conceptionibus fimiles: non tamen folum
concipi ; fed etiam nafci opus eft vt ad vitam peruenia-
tur ꝗternam : *Qu. 2. ad fimplicia.*

   Contre tous fes autres fcrupules & menuës raifons.

SAINCT PROSPER.

  opera   1.
Nam bona,quæ prauis naturꝗ ex dote fuperfunt,
Augent peccati pondera , non minuunt.*lib. epig. c.46.*

2.

Omne etenim probitatis opus , nifi femine verꝗ
Exoritur fidei , peccatum eft , inque reatum
Vertitur, & fterilis cumulat fibi gloria poenam.   *lib.de*
Ingr.c.16.   3   *gratia*
      --- quod non fit ab illa,
Non bené fit : quem non recto via limite ducit,
Quātoplus graditur tanto lōginquius errat.*l,de ingr.c.19.*

4.

     --- Licet in cruce vitam.
Ducant , & iugi afficiant fua corpora morte,
Abftineant opibus , fint cafti , fintque benigni,
Terrenifque,ferant animum,fuper aftra,relictis.
Si tamen hæc,propria virtute capefcere quenquam,
Poffe putant ,
Crefcere quo cupiunt ,minuuntur : proficiendo,
Deficiunt : furgēdo,cadūt:currēdo recedūt.*l.de Ing.c.37*

Epigrame pour conclusion.

Nil facias, niſi quod lege, aut Charitate iuberis
Conſilia ipſa ligant, quando inſpirantur amore
Iuſſa Dei ſoluis, quæ non cuſtodis, amando,
Peccas ergo, cum Charitatis deſinit ardor.

Contre tout ſon Liure.

Tout le mien, pour l'eſclarciſſement du quel, i'ay faict
tous les vers precedents, comme auſſi pour me diſtraire
quelquefois de mes eſtudes, & m'entretenir d'autres-
fois durant quelque trauail des mains, à l'exēple de noſtre
Seigneur IeſusChriſt, qui a ainſi trauaillé, de ſes Apoſtres
qui l'ont imité, & de pluſieurs autres Saints, meſmes Eueſques, qui les ont enſuiuis, & cōformemēt à l'intention de
l'Egliſe, qui paroiſt aſſez, entre pluſieurs autres paſſages,
dans les cinq Canons ſuiuans de la Collection du tres-
ſçauant Archeueſque Antonius Auguſtinus.

I.

Clericus quantumlibet verbo Dei eruditus artificio victum quærat. *Carth. IV. C.* 51. *Burch. l.* 2. *c.* 102. *iuo
parte* 6. *c.* 179. *Decret. Cæſar. l.* 4. *c.* 112.

2.

Clericus victum & veſtimentum, ſibi artificiolo, vel agri-
cultura, abſque officii ſui dumtaxat detrimento, præparet.
Carth. IV. C. 52. *Burch. l.* 2. *c.* 103. *iuo parte* 6. *c.* 180.
Decret. Cæſar. l. 4. *c.* 112.

3.

Omnes clerici qui ad operandum validi ſunt, & artifi-
ciola & litteras diſcant. *Carth. IV. C.* 53.

4.

Cum iubeamur, victum aut veſtitum artificiolo quærere,
& manibus propriis laborare, quid opus eſt in domo (*mu-
lierem*) includere, pro veſte? *Turon. II. C.* 10.

5.

Singuli (*Clerici*) iuxta capacitatem ſuam, diuerſarum

artium erudiantur diſciplinis , vt nullus in Collegio Ca-
nonico inutilis appareat, nec vota fidelium, otioſus co-
medat: tales quippe eſſe: imo taliter conuerſari decet omnes, qui diuinis officiis, ſe manciparunt. Aquiſgr. c. 145.

EPIGRAMME
Sur les quatre principaux exercices des premiers Ecclesiaſtiques.

Ora, fac munus, ſtudeas, manibuſque labores.
Non ſeruo arbitrio, ſed libertate redempta.

Aduertiſſement.

Bien que tous ces vers ſoient ſans aucune iniure, c'eſt
à dire iniuſtice: neantmoins ie ne les euſſes point donnés
au public, ſi ie ny euſſe eſté obligé , pour faire voir que
ma propoſition, n'eſt pas celle que l'autheur de l'Anti-
factum, m'a impoſé contre ſa propre conſcience : Car
ie condamne auec le ſainct Concile de Trente tous ceux
qui diſent que toutes les actions d'vn homme en peché
mortel ſont peché : & dis ſeulement que toutes les
actions, ſoit d'vn homme en grace ou en peché mortel,
ſont vn vray & reel peché , ſelon la foy de l'Egliſe , les
determinations des Conciles , & la doctrine de tous
les Peres , ſans en excepter pas vn , quand elles ne pro-
cedent point de la grace de Dieu , non habituelle, mais
actuelle, ſurnaturelle en ſoy, interieure, preuenante,
& cooperante de noſtre Seigneur Ieſus Chriſt , auquel
ſoit tout honneur , loüange & gloire , maintenant &
pour iamais : Amen.

Sur l'eſperance que i'ay eu, que l'autheur de l'Anti-fa-
ctum ſe pourra vn iour retracter, ie l'ay fait parler quel-
quefois cy-deſſus, ſelon les ſentimens qu'il en aura pour
lors comme i'en prie Dieu de tout mon cœur pour luy,
que i'aime en verité, comme moy-meſme.

F I N.